Marten Leissing

Ein Überblick zum 4-Ohren-Modell (Schulz von Thun)

GRIN Verlag

Bibliografische Information der Deutschen Nationalbibliothek:

Die Deutsche Bibliothek verzeichnet diese Publikation in der Deutschen National-
bibliografie; detaillierte bibliografische Daten sind im Internet über http://dnb.d-
nb.de/ abrufbar.

Impressum:

Copyright © 2013 GRIN Verlag, Open Publishing GmbH
Druck und Bindung: Books on Demand GmbH, Norderstedt Germany
ISBN: 978-3-656-49518-5

Dieses Buch bei GRIN:

http://www.grin.com/de/e-book/232673/ein-ueberblick-zum-4-ohren-modell-schulz-
von-thun

Inhalt

Ziel dieser Arbeit ist es, auf den nächsten Seiten einen umfassenden Überblick, über die in dem Vortrag vorgestellten Themen anzubieten.

1. Einführung

Friedemann Schulz von Thun (geboren 1944) ist tätig als Professor für Psychologie an der Universität Hamburg. Des Weiteren ist er Kommunikationstrainer für Lehrende und Führungskräfte und vermittelt Verhaltenstraining und Demokratisierung zwischenmenschlicher Beziehungen. Außerdem ist er der Gründer des „Schulz von Thun-Instituts für Kommunikation". Durch die Beschäftigung mit Alfred Adlers Individualpsychologie und Ruth Cohns Themenzentrierter Interaktion vertiefte er das Verständnis zwischenmenschlicher Vorgänge. Durch die Integration von humanistischen, individualpsychologischen und systemischen Richtungen sowie seine Kurserfahrungen entstand in den 1970er Jahren sein bekanntes Kommunikationsquadrat, welches 1981 als Buch erschienen ist. [1]
Für Schulz von Thun ist eine Nachricht die kleinste Einheit der Kommunikation und setzt sich aus mehreren Botschaften zusammen.

2. Vier Seiten einer Nachricht

Das Ziel, für das dieses Modell im Allgemeinen verwendet wird, ist die Beschreibung von durch Missverständnisse gestörter Kommunikation und tiefergehend die Therapie problematischer, pathologischer und gestörter zwischenmenschlicher Beziehungen.[2] Das übergeordnete Ziel bei diesem Modell besteht darin, zu beobachten, beschreiben und modellieren, wie zwei Menschen sich durch ihre Kommunikation zueinander in Beziehung setzen.

---

[1] Schulz von Thun, Friedemann: Miteinander reden:1- Störungen und Klärungen, Allgemeine Psychologie der Kommunikation, rororo Verlag, Auflage 48, April 2010, S. 5ff.

[2] Erkennbar anhand der Untertitel seiner Werke: Miteinander reden:1- Störungen und Klärungen, Allgemeine Psychologie der Kommunikation; Miteinander reden: 2- Stile, Werte und Persönlichkeitsentwicklung, Differenzielle Psychologie der Kommunikation; Miteinander reden: 3 - Das « Innere Team » und situationsgerechte Kommunikation

Hierfür wendet Schulz von Thun sich den Nachrichten zu. Diese Nachrichten können aus vier unterschiedlichen Richtungen angesehen werden und unter vier unterschiedlichen Annahmen gedeutet werden. Dies sind die vier Ebenen, die Schulz von Thun als „Seiten einer Nachricht" bezeichnet.

1. Sachebene: Was sagt der Sender?
2. Selbstoffenbarung: Was teilt der Sender über sich mit?
3. Beziehungsebene: Wie steht der Sender zum Empfänger?
4. Appell: Was will der Sender bewirken?[3]

Diese Ausführungen von Schulz von Thun haben im Privat- wie auch im Berufsleben eine hohe Bedeutung. Folgend werden die einzelnen Ebenen tiefergehender erläutert.

2.1 Sachebene[4]

Bei der Sachebene steht die Sachinformation im Vordergrund. Vorrangig ist Zahlen, Daten und Fakten zu vermitteln. Diese Informationen sind auf folgende Aspekte hin überprüfbar:

- Wahrheit (Entspricht die Aussage der Wahrheit oder nicht?)
- Relevanz (Sind die Sachverhalte wichtig oder unwichtig?)
- Hinlänglichkeit (Sind die Sachhinweise für das Thema ausreichend oder nicht?)

Nimmt man nun ein Beispiel zur Hilfe (Mann sagt zur Frau: „Die Ampel ist Grün."), dann könnte die Frau auf der Sachebene reagieren. Sie würde dann wahrscheinlich kurz nicken oder widersprechen, wenn die Ampel nicht grün ist. Folglich reagiert sie nur auf den reinen Sachinhalt der Information, interpretiert nicht und bringt auch keine Gefühle ins Spiel.[5]

---

[3]Vgl. http://www.experto.de/b2b/kommunikation/gespraechsfuehrung/kommunikationsmodelle-das-modell-von-schulz-von-thun.html , S.1 [Stand: 23.05.2013, 13:45Uhr]
[4] http://www.vier-ohren-modell.de/ [Stand: 23.05.2013, 14:13]
[5] Vgl. http://www.vier-ohren-modell.de/ [Stand: 23.05.2013, 13:54 Uhr]

2.2 Selbstoffenbarung[6]

Durch die Selbstoffenbarungsebene erfährt der Empfänger mehr über den Sender. Der Empfänger kann durch die Aussage ableiten, was im Sender vorgeht. Wie denkt er? Wie geht es ihm? Was ist das für einer? Dieses kann explizit (Ich-Botschaft) oder implizit geschehen. Der Ursprung vieler Probleme bei der Kommunikation liegt in der Technik zur Selbsterhöhung und Selbstverbergung beim Sender, denn es können beim Sender einerseits gewollte Selbstdarstellungen, andererseits unfreiwillige Selbstenthüllungen gesendet werden.

Bezieht man die Selbstoffenbarungsebene auf das vorhin genannte Beispiel, so könnte die Frau bei dem Satz des Mannes „Die Ampel ist grün." davon ausgehen, dass ihr Mann mehr sieht als sie selbst und er ihr unter die Arme greifen und Hilfestellung leisten möchte, damit sie beim Autofahren nicht die Orientierung verliert.

2.3 Beziehungsebene[7]

Entscheidend in der Beziehungsebene sind die Art der Formulierung, der Tonfall, die Mimik und Gestik und die Körperhaltung. Durch die Art und Weise wie ich mit jemandem spreche mache ich deutlich wie ich zu dieser Person stehe. Also lässt sich in jeder Äußerung ein Beziehungshinweis wiederfinden. Gerade die Menschen die ihr Beziehungsohr sehr stark benutzen, fangen hier sehr viele Signale auf. So kann sich der Empfänger auf dieser Ebene folgende Fragen stellen: „Wie fühle ich mich durch die Art wie der andere mit mir spricht?", „Was hält der andere von mir?", „Wie steht er zu mir?".

Bezieht man nun die Beziehungsebene auf das Beispiel, so nimmt die Frau die Aussage „Die Ampel ist grün." ganz anders als auf der Sachebene wahr. So könnte sie zum Schluss kommen, dass ihr Mann ihr sagen möchte, dass sie sich beeilen soll. Sie könnte des Weiteren auch interpretieren, dass ihr Mann besser weiß, wie man Auto fährt und sie seine Hilfe benötigt. Je nach Temperament und Selbsteinschätzung wird sie seine „Hilfestellung" annehmen oder gegen die „Bevormundung" Protest einlegen.

---

[6] http://www.vier-ohren-modell.de/ [Stand: 23.05.2013, 14:13]
[7] http://www.vier-ohren-modell.de/ [Stand: 23.05.2013, 14:12Uhr]

2.4 Appell[8]

Appelle können direkt (offen) oder indirekt (verdeckt) kommuniziert werden. Bei jeder Kommunikation möchten wir mit dem gesagten etwas erreichen oder einen Einfluss auf den Gesprächspartner ausüben. Appelle können auch in Form von Wünschen, Ratschlägen oder Handlungsanweisungen ausgedrückt werden. Bei verdeckter Kommunikation eines Appells kann je nach Auslegung auch von Manipulation gesprochen werden.

Bezugnehmend auf das Beispiel könnte die Frau auf dem Appellohr eventuell einen Befehl oder ein Kommando interpretieren. Ihr Mann könnte wollen, dass sie sich endlich beeilen soll.

3. Konfliktpotential

Der Sender einer Nachricht muss sich über die vier Seiten seiner Nachricht bewusst sein. Wenn er zum Beispiel die Sachebene „missbraucht", um eine Beziehungsnachricht zu senden oder einen indirekten Appell an den Empfänger zu übermitteln, kann es zu Komplikationen kommen. Oftmals wird auch die Sachebene akzeptiert, jedoch die Art und Weise der Kommunikation abgelehnt. Die Personen denken sich dann eventuell: „Wie kann mein Partner nur so mit mir sprechen? Hält er mich für blöd?" und reagiert entsprechend abweisend. Die Gesprächsqualität hängt in vielen Fällen davon ab, in welcher Weise die vier Ohren und vier Schnäbel zusammen spielen. Grundsätzlich sollte man bei eskalierenden Gesprächssituationen nachfragen. So kann der Sender seine Botschaft verdeutlichen, korrigieren oder erklären.

4. Kommunikationsfehler

Ein Kommunikationsfehler kann u.a. anhand der Unterschiedlichkeit kulturell bedingter „Ohren" verdeutlicht werden. Wie in folgendem Beispiel, in dem die kulturellen Unterschiede der Japaner und Deutschen exemplarisch skizziert werden.

---

[8] Vgl. ebd.

„Auf japanischen Bahnhöfen geht es, ganz anders als in Deutschland, mit sehr viel Lärm zu. Es wird z.b. auf Züge vor der Einfahrt mit Glockengeläut hingewiesen. So hört man vor Einfahrt jedes Zuges folgende Ansage;"Pingpong! Gleich kommt der Zug, warten sie bitte hinter der gelben Linie, weil es gefährlich ist". Daraus würde ein Deutscher mit seinem Beziehungsohr hören: „Warum behandeln die mich hier wie ein kleines Kind, ich weiß doch selbst, dass ein einfahrender Zug gefährlich ist". Ein Japaner hingegen würde mit seinem Beziehungsohr hören: „Schön, dass ich die Information erhalte, ich fühle mich beim Zugbetreiber gut aufgehoben, denn er erklärt mir, was gut und gefährlich ist und ich fühle mich vor dem Bösen beschützt".[9] Es wird klar, dass die Art und Weise eine Nachricht anders zu verstehen, nicht nur von der Situation, dem eigenen Befinden, sondern in besonderem Maße von der eigenen Kultur des Senders bzw. Empfängers abhängt. So hören Deutsche eher auf Sachbotschaften und Beziehungsbotschaften. Das könnte daran liegen, dass Deutsche ihre Aussagen meist begründen und Diskussionen sachlich geführt werden. In der deutschen Sprache werden Appelle z.b. sehr stark ausgedrückt, gleichzeitig gibt es aber kaum klare Möglichkeiten und Ausdrücke für Beziehungen.

Japaner hingegen drücken Appelle zumeist indirekt oder versteckt aus, so dass der Empfänger diese „erfühlen" muss, dieses gilt auch für die Selbstoffenbarung. Für Beziehungen hingegen existieren in der japanischen Sprache klare Festlegungen.

Ein weiteres Beispiel für eine unglückliche Kommunikation ist folgender Dialog:

A: „Das Fenster ist auf!"

B: „Ja, das stimmt."

A: „Mir ist kalt."

B: „Das tut mir leid."

A: „Jetzt stell dich nicht so doof an."

B: „Hör auf herumzunörgeln und sag mir was du willst."

A: „Mach endlich das verdammte Fenster zu!"

B: „Kein Problem, sag das doch gleich."

---

[9] Vgl. Emrich, 2007, S.145f.

Dieser Dialog verdeutlicht die Komplexität der Kommunikation mit ihren, nach Schulz von Thun, vier verschiedenen Sender- und Empfängermöglichkeiten.

5. Metakommunikation

Mithilfe der Metakommunikation können laut Schulz von Thun Kommunikationsprobleme gelöst werden. „Gemeint ist eine Kommunikation über die Kommunikation, also eine Auseinandersetzung über die Art, wie wir miteinander umgehen, und über die Art, wie wir gesendete Nachrichten gemeint und die empfangene Nachricht entschlüsselt und darauf reagiert haben."[10] Das wiederum ist der Schlüssel zum Erfolg um sich selber besser verstehen zu können, denn „gute Metakommunikation verlangt in erster Linie einen vertieften Einblick in die eigene Innenwelt und den Mut zur Selbstoffenbarung."[11] Wenn das erreicht ist, kann man von offener Kommunikation sprechen, in dieser werden offene Appelle gesendet. „Der offene Appell setzt voraus, dass der Sender sich darüber im Klaren ist, was er will. [...] Ich sage meinen Wunsch, damit du informiert bist. Ich sage ihn um der Transparenz der Situation willen, nicht, um ihn unbedingt durchzusetzen. Genauso möchte ich wissen, was du willst, wiederum nicht um mich gleich zu fügen, sondern um Entscheidungen auf der Grundlage vollständiger Informationen treffen zu können. [...] Wenn der Empfänger dem Appell nachkommt, ist es wichtig, dass er sodann die Eigenverantwortung für die appellgemäße Handlung übernimmt und
sich nicht hinterher darauf beruft: "Du hast es ja so gewollt – ich kann nichts dafür!" Wenn ich in gleichberechtigten Beziehungen die Freiheit habe, einem Appell nachzukommen oder nicht nachzukommen, dann beruht ein appellmäßiges Verhalten auf meiner Entscheidung und enthält meine Urheberschaft."[12]

---

[10] Schulz von Thun, April 2010, S. 80ff.
[11] Ebd., S. 91f.
[12] Ebd., S.250ff.

6. Praxisaufgaben

In diesem Abschnitt folgte während des Referates eine moderierte Partner- bzw. Gruppenarbeit, welche ich der Vollständigkeit halber in aller Kürze nur aufführen werde.

I. Partnerarbeit: Interpretieren Sie bitte zusammen mit Ihrem Nachbarn folgende Aussagen bzgl. der vier Ebenen aus der Sicht des Senders und des Empfängers.

    a. Schülerin kommt nach der Pause zur Lehrerin angelaufen: „Der Max hat sein Buch einfach in die Ecke gepfeffert!"

    b. Zwei Kolleginnen im Gespräch: „Ich benutze nie diese ollen Lesebücher, du etwa?!"

    c. Zwei Lehrerinnen im Beratungsgespräch: „Tim macht nie, was ich sage, immer provoziert er nur!"

II. Gruppenarbeit (Teil1)

    a. 4 Arbeitsgruppen (A,B,C,D)

    b. Entwerfen Sie ein Gespräch, in dem es zu Missverständnissen kommt, weil einer der Empfänger zu sehr mit seinem Beziehungsohr hört und dabei die anderen drei Seiten der Nachricht vernachlässigt.

III. Gruppenarbeit (Teil2)

    a. Geben Sie nun Ihr Beispiel von der vorherigen Aufgabe an eine andere Gruppe weiter. Diese soll sich nun überlegen, wie man das Missverständnis beseitigen kann. Die „Lösungen" sollen im Plenum als Rollenspiel dargestellt werden.

7. Fazit

Das vorgestellte Kommunikationsmodell von Schulz von Thun verdeutlicht die vielfältigen Kombinationsmöglichkeiten einer Kommunikation zwischen Sender und Empfänger. Weiter zeigt es die Komplexität der Kommunikation auf und woher mögliche Störungen kommen können. Außerdem ist es möglich durch dieses Kommunikationsmodell einen bestehenden Konflikt zu analysieren:

- Auf welcher Ebene hat der Sender gesendet?
- Auf welchem Ohr hat der Empfänger gehört?

Dadurch können Missverständnisse lokalisiert und beseitigt werden.

Literaturverzeichnis

- Schulz von Thun, Friedemann: Miteinander reden:1- Störungen und Klärungen, Allgemeine Psychologie der Kommunikation, rororo Verlag, Auflage 48, April 2010
- Schulz von Thun, Friedemann: Miteinander reden: 2- Stile, Werte und Persönlichkeitsentwicklung, Differenzielle Psychologie der Kommunikation, rororo Verlag, Auflage 33, März 2010
- Schulz von Thun, Friedemann: Miteinander reden: 3- Das « Innere Team» und situationsgerechte Kommunikation, Kommunikation, Person, Situation, rororo Verlag, Auflage 21, 2010
- www.vier-ohren-modell.de [Stand: 23.05.13, 11:45 Uhr]
- www.schulz-von-thun.de [Stand: 23.05.13, 11:48 Uhr]
- http://www.experto.de S.1 [Stand: 23.05.2013, 13:45Uhr]